Biologische Psychologie und das Nervensystem. Ein Überblick

Somatischen und vegetativen Nervensystem, das endokrine System, Hypophysenhormone und Prinzip und Anwendung des Neurofeedback

Bibliografische Information der Deutschen Nationalbibliothek:

Die Deutsche Nationalbibliothek verzeichnet diese Publikation in der Deutschen Nationalbibliografie; detaillierte bibliografische Daten sind im Internet über http://dnb.d-nb.de abrufbar.

ISBN: 9783346420954
Dieses Buch ist auch als E-Book erhältlich.

Inhaltsverzeichnis

Abkürzungsverzeichnis

ACTH – adrenocorticotropes Hormon

ADHS – Aufmerksamkeitsdefizit-Hyperaktivitätsstörung

CRH – Corticotropin-releasing Hormone

HNN-System – Hypothalamus-Hypophysen-Nebennierenrinden-System

PNS – peripheres Nervensystem

PTBS – posttraumatische Belastungsstörung

SNS – somatisches Nervensystem

STH – Somatotropin

VNS – vegetatives Nervensystem

ZNS – zentrales Nervensystem

Abbildungsverzeichnis

1 Aufgabe 1

1.1 Das Nervensystem

Die Gesamtheit des Nervengewebes eines Menschen wird als *Nervensystem* bezeichnet (Ehlert, 2016, S. 14). Das menschliche Nervensystem verzweigt sich in unzählige Verbindungen auf, wodurch die nervale Versorgung der Körperperipherie und des Körperinneren sichergestellt ist (Schandry, 2016, S. 11).

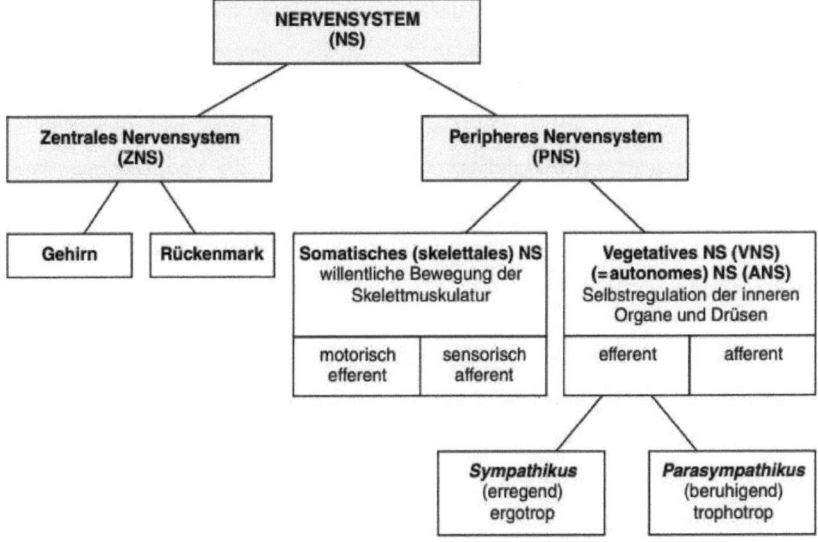

Abbildung 1: Gliederung des menschlichen Nervensystems
Quelle: (Becker-Carus & Wendt, 2017, S. 34).

Das Nervensystem fungiert als Verbindung und Informationsverarbeitung zwischen reizaufnehmenden und reizbeantwortenden Organen. Die Rezeptoren der Sinnesorgane erzeugen Erregungen aus Reizen. Diese Erregungen enthalten eine Information über den verursachenden Reiz und werden vom Nervensystem aufgenommen. Das Nervensystem wandelt diese in Impulsfolgen um. Die Erregung wird entweder direkt oder über eine zentrale Verarbeitung und

5

Integration an die Erfolgsorgane (die reizbeantwortenden Organe) gesandt. Somit überwacht und reguliert das Nervensystem eingehende und ausgehende Informationen, wodurch es als Vermittler und Regler hinsichtlich der Interaktion des Organismus mit der Außenwelt sowie der einzelnen Teilsysteme des Organismus untereinander fungiert (Becker-Carus & Wendt, 2017, S. 33). Topographisch (die Lage betreffend) kann das Nervensystem in das Zentralnervensystem (ZNS) und das periphere Nervensystem (PNS) unterteilt werden. Das Nervensystem bildet in seinen höheren Zentren eine Grundlage für das Bewusstsein und die geistigen und kognitiven Fähigkeiten (Schandry, 2016, S. 111). Funktionell wird das Nervensystem in Leitungsbahnen und verarbeitende Zentren (Kerne, nuclei) gegliedert. Diese liegen größtenteils im ZNS (BeckerCarus & Wendt, 2017, S. 33). Zum ZNS gehören das Gehirn und Rückenmark. Das ZNS hat die Aufgabe der Integration aller Reize, welche dem Organismus zugeleitet werden und die Koordination aller motorischer Leistungen sowie die Regulation aller dabei ablaufenden inneren Vorgänge (Assen, 2016, S. 80). Nerven, welche sich außerhalb von Gehirn und Rückenmark befinden, sind als peripheres Nervensystem (PNS) definiert (Assen, 2016, S. 80). Verschiedene Areale werden durch die Leitungsbahnen untereinander verbunden. Zudem bilden die Leitungsbahnen die peripheren Nerven, welche von und zu den einzelnen Organen des Organismus führen. Leitet ein Neuron die Information von einem Areal weg (z.B vom ZNS zur Peripherie), wird dies als efferent bezeichnet. Umgekehrt werden Neurone, welche Informationen zu einem Areal hinleiten (z.B von der Peripherie zum ZNS), afferent genannt (Schandry, 2016, S. 111). Funktionell lässt sich das PNS zudem in das somatische und vegetative Nervensystem unterteilen.

1.1.1 Somatisches Nervensystem (SNS)

Das somatische Nervensystem (SNS), welches auch skelettales Nervensystem genannt wird, ist der Teil des PNS, welcher mit der Umwelt interagiert. In seinem efferenten (motorischen) Anteil kontrolliert es die Skelettmuskulatur und ermöglicht willkürliche Bewegungen (z.B „Hebe die Hand"). Der afferente (sensorische) Teil überträgt Informationen aus den Augen, Ohren, Haut, Skelettmuskeln und Gelenken, welche der bewussten Wahrnehmung dienen, von den Sinnesorganen und Körperrezeptoren zum Gehirn (Becker-Carus & Wendt, 2017, S. 44).

6

Bei Neuronen des SNS liegt der Zellkörper in der grauen Substanz des Rückenmarks bzw. im Hirnstamm, bei den Hirnnerven. Die somatomotorischen Neurone senden direkt Fortsätze bis zum Erfolgsorgan (dem Muskel). Dabei versorgt lediglich ein motorisches Neuron direkt die quergestreifte Muskulatur (Schandry, 2016, S. 169–170).

1.1.2 Vegetatives Nervensystem (VNS)

Das vegetative (auch autonome) Nervensystem (VNS) gilt neben dem endokrinen System und dem Immunsystem als Kommunikationssystem für den Informationsaustausch zwischen den einzelnen inneren Organen des Organismus (z.B Herz, Lunge, Gastrointestinaltrakt sowie Gefäße und Drüsen) (Birbaumer & Schmidt, 2010, S. 104). Das VNS stellt sicher, dass der Organismus an wechselnde Bedingungen angepasst wird und die Homöostase (das Gleichgewicht der Körperfunktionen) des Gesamtorganismus erhalten bleibt (Ehlert, 2016, S. 14). Die Homöostase ist gegeben, wenn das innere Milieu, insbesondere die chemische Beschaffenheit von intra- und extrazellulärer Flüssigkeit, so beschaffen ist, dass optimale und konstante Bedingungen für den Organismus vorherrschen. Dies erfordert eine Rückmeldeschleife, über welche Informationen über den Ist-Zustand der Peripherie an das ZNS geleitet werden und wo dann regulierend eingewirkt wird (Schandry, 2016, S. 163). Die Steuerung der Funktionen der inneren Organe erfolgt eher unbewusst und unwillkürlich. Das VNS leitet Informationen aus den inneren Organen zum ZNS (Schandry, 2016, S. 111). Eine mögliche Anpassungsreaktion ist beispielsweise der Anstieg der Muskeldurchblutung, bevor eine willkürliche körperliche Anstrengung ausgeführt wird (Birbaumer & Schmidt, 2010, S. 102). Das VNS umfasst das sympathische und parasympathische Nervensystem sowie das Darmnervensystem (enterische Nervensystem). Das enterische Nervensystem ist ein weitgehend eigenständiges Nervensystem des Gastrointestinaltraktes mit ungefähr 100 Millionen Nervenzellen und erfüllt Verdauungsfunktionen. Der Sympathikus und Parasympathikus arbeiten oft antagonistisch. Der Sympathikus erfüllt leistungsfördernde (ergotrope) Funktionen und der Parasympathikus leistet erholungsfördernde (trophotrope) Funktionen (Schröger, 2010, S. 125).

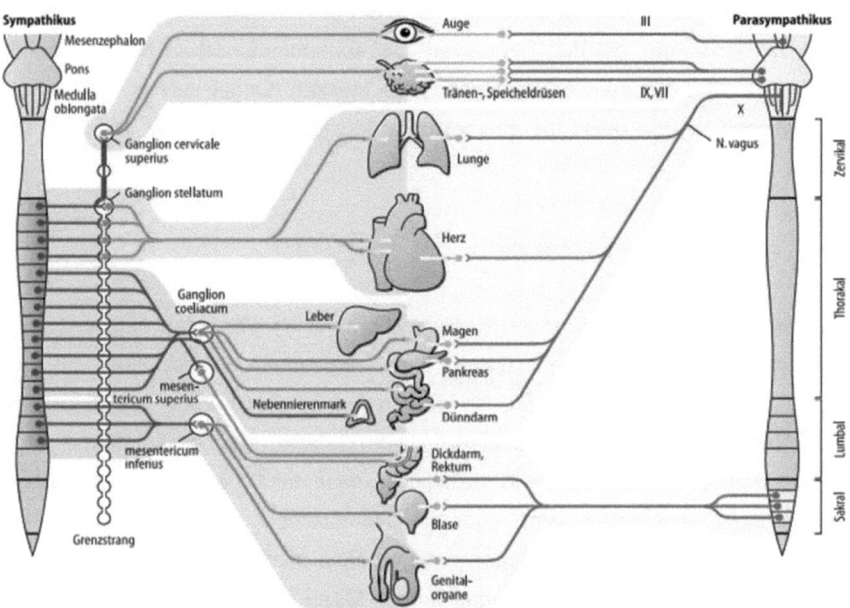

Abbildung 2: Zielorgane von Sympathikus (links)) und Parasympathikus (rechts)
Quelle: (Birbaumer & Schmidt, 2010, S. 104)

Zum Beispiel wird bei einer Aktivierung des Sympathikus die Verdauung gehemmt, wohingegen diese bei einer Aktivierung des Parasympathikus angeregt wird (Schröger, 2010, S. 125). Der Sympathikus versetzt den Organismus in einen Erregungszustand und setzt Energie frei, wodurch der Organismus auf Gefahr- bzw. Stresssituationen vorbereitet wird. Diese Anpassungsreaktion gewährleistet eine angemessene Reaktion auf externe (oder auch interne) Umstände. Dabei erfolgt unter anderem eine Steigerung der Herzfrequenz und des Blutdrucks, die Verlangsamung der Verdauung, die Erhöhung des Blutzuckerspiegels sowie erhöhte Schweißsekretion (Myers, 2014, S. 59). Konträr dazu ist der Parasympathikus, welcher auch als *Ruhenerv* bezeichnet wird, denn er sorgt für Ruhe, Erholung und Schonung. Durch eine Aktivierung des parasympathischen Nervensystems schmälern sich z.B die Pupillen, die Bronchien verengen sich und der Herzschlag verlangsamt sich (Assen, 2016, S. 24). Beim Übertragungsweg von Signalen aus dem VNS zu den inneren Organen sind immer zwei Neuronen hintereinandergeschaltet. Die Zellkörper der Neuronen sitzen in Ganglien. Die Informationsweitergabe geschieht im VNS über ein präganglionäres auf ein postganglionäres Neuron in der Peripherie. Das präganglionäre Neuron besitzt Zellkörper im Rückenmark bzw. Hirnstamm (Schandry, 2016, S. 170). Die präganglionären Axone des sympathischen Nervensystems nutzen Acetylcholin als Botenstoff. Zwischen postganglionären Neuronen und Effektoren nutzen sympathische Synapsen Noradrenalin als Überträgerstoff. Wohingegen alle Neurone des Parasympathikus Acetylcholin als Botenstoff nutzen (Ehlert, 2016, S. 22–23).

1.1.3 Unterscheidung zwischen SNS und VNS

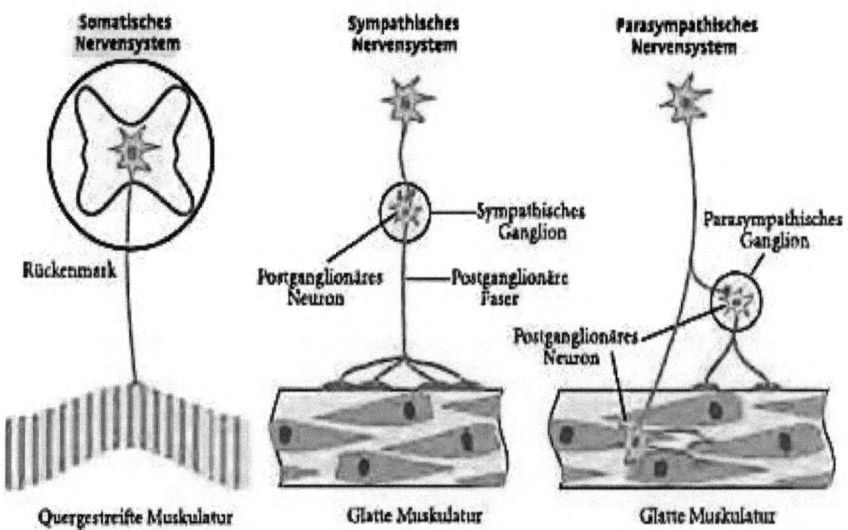

Abbildung 3: Neuronaler Übertragungsweg zwischen ZNS und Erfolgsorgan im SNS, sympathischen und parasympathischen Nervensystem

Quelle: (Schandry, 2016, S. 170)

Das SNS und das VNS lassen sich zunächst hinsichtlich ihres neuronalen Übertragungswegs unterscheiden. Im SNS versorgt nur ein motorisches Neuron die quergestreifte Muskulatur. Wohingegen im VNS immer zwei Neurone hintereinandergeschaltet sind. Das SNS unterscheidet sich vom VNS zudem hinsichtlich des Ausmaßes der bewussten Einflussnahme, welche ein Individuum über die jeweiligen Prozesse auszuüben vermag. Das SNS ist zuständig für bewusste und willkürliche Funktionen (z.B Wahrnehmung und Motorik). Konträr dazu arbeitet das

VNS autonom und ist weitgehend unabhängig von intentionalen Prozessen. Ein Individuum vermag es so kaum, das VNS willentlich zu beeinflussen. Die Funktionen des VNS verlaufen überwiegend automatisch. Die Unterscheidung zwischen dem willentlichen System (SNS) und dem autonomen System (VNS) sollte jedoch nicht zu strikt getroffen werden (Schröger, 2010, S. 126–127). Denn auch aus den inneren Organen kann ein Individuum Empfindungen wahrnehmen (z.B Übelkeit, Herzrasen). Des Weiteren ist der Mensch dazu fähig, die Funktion innerer Organe zu beeinflussen (z.B die Regulation der Herzfrequenz durch Entspannungsverfahren oder die Regulation von vegetativen Funktionen mittels Biofeedback) (Schandry, 2016, S. 164). Jedoch hat die Unterscheidung zwischen dem somatischem und vegetativen Nervensystem trotz der genannten Relativierung durchaus ihre Berechtigung (Schröger, 2010, S. 127).

2 Aufgabe 2

2.1 Das endokrine System

Neben dem Nervensystem und dem Immunsystem gilt das endokrine System als das dritte wichtige Kommunikations- und Regulationssystem des Organismus (Schandry, 2016, S. 178). Konträr zum Nervensystem nutzt das endokrine System Hormone als Botenstoffe, wohingegen das Nervensystem Neurotransmitter zur Informationsübertragung zwischen Neuronen nutzt (Schröger, 2010, S. 127). Während das Nervensystem Informationen innerhalb von Sekundenbruchteilen übermittelt, vergehen bei einer endokrinen Information einige Sekunden oder gar mehr (Myers, 2014, S. 63). Das Nervensystem und das endokrine System arbeiten dennoch eng zusammen, weshalb diese oft als *neuroendokrines System* zusammengefasst werden (Schröger, 2010, S. 127). Als neuroendokrines System wird das System der neuro- und innersekretorischen Hormondrüsen bezeichnet (Becker-Carus & Wendt, 2017, S. 44). Hormone (*griech. „hormon" = bewegen, in Gang setzen*) werden hauptsächlich von innersekretorischen Drüsen gebildet und sodann in das Blut abgegeben. Diese werden anschließend mithilfe des Blutkreislaufes durch den gesamten Organismus transportiert, bis sie zu ihrem Zielort gelangen. Der Zielort eines Hormons ist bestimmt durch spezifische Rezeptoren, auf welche nur ein bestimmtes Hormonmolekül

10

anspricht. Des Weiteren erfolgt die Steuerung der innersekretorischen Drüsen auch durch andere Hormone oder neuronale Impulse aus dem Nervensystem. Einige Hormone werden direkt in den Nervenzellen gebildet und fungieren als Neurotransmitter (Becker-Carus & Wendt, 2017, S. 44–46). Das endokrine System reguliert sowohl fundamentale Funktionen des Organismus (z.B Stoffwechsel, Wasser- und Salzhaushalt) als auch komplexere Funktionen wie Verhalten (z.B Sexualverhalten, Emotion, Motivation) (Ehlert, 2016, S. 24).

Die Hypophyse (Hirnanhangsdrüse) ist ein Teil des Gehirns, welcher dem Hypothalamus anliegt und gilt als eine der wichtigsten endokrinen Drüsen. Zusammen mit dem Hypothalamus bildet die Hypophyse eine zentrale Schaltstelle zwischen Gehirnfunktionen, dem vegetativen Nervensystem und dem endokrinen System. Durch Anregungen von Nervenimpulsen produzieren neurosekretorische Zellen im Hypothalamus Releasing- (Freisetzungs-) bzw. Inhibitinghormone (Hemmungshormone). Diese werden mithilfe des Gefäßsystems zum Hypophysenvorderlappen transportiert. Im Hypophysenvorderlappen wird dadurch die Ausschüttung von Hypophysenhormonen angeregt oder gehemmt (Becker-Carus & Wendt, 2017, S. 46). Zu den wichtigsten Hypophysenhormonen zählen das adrenocorticotrope Hormon, Oxytocin, Somatotropin und Vasopressin.

2.1.1 Adrenocorticotropes Hormon

Das adrenocorticotrope Hormon (ACTH) ist zusammen mit dem Corticotropinreleasing Hormon (CRH) in das Hypothalamus-HypophysenNebennierenrinden- System (HNN-System) eingebunden, welches als Regelkreissystem fungiert. Neurosekretorische Zellen im Hypothalamus werden über neuronale Bahnen durch psychische oder physische Ereignisse (wie z.B Stress) dazu veranlasst, das entsprechende Releasing-Hormon freizusetzen. Dieses wird über das Gefäßsystem zur Hypophyse transportiert und führt dort zur Freisetzung von ACTH. ACTH gelangt über den Blutstrom zu den Drüsen der Nebennierenrinde (BeckerCarus & Wendt, 2017, S. 46). In der Nebennierenrinde stimuliert ACTH die Synthese und Freisetzung von Glukokortikoiden, welche metabolische und immunmodulierende sowie kardiovaskuläre Effekte ausüben.

Dies dient dem Organismus zur Anpassung an Belastungssituationen. Beispielsweise wird der Abbau von Proteinen gesteigert und die Gluconeogenese veranlasst, sodass dem Organismus vermehrt Energie zur Verfügung steht (Ehlert, 2016, S. 26).

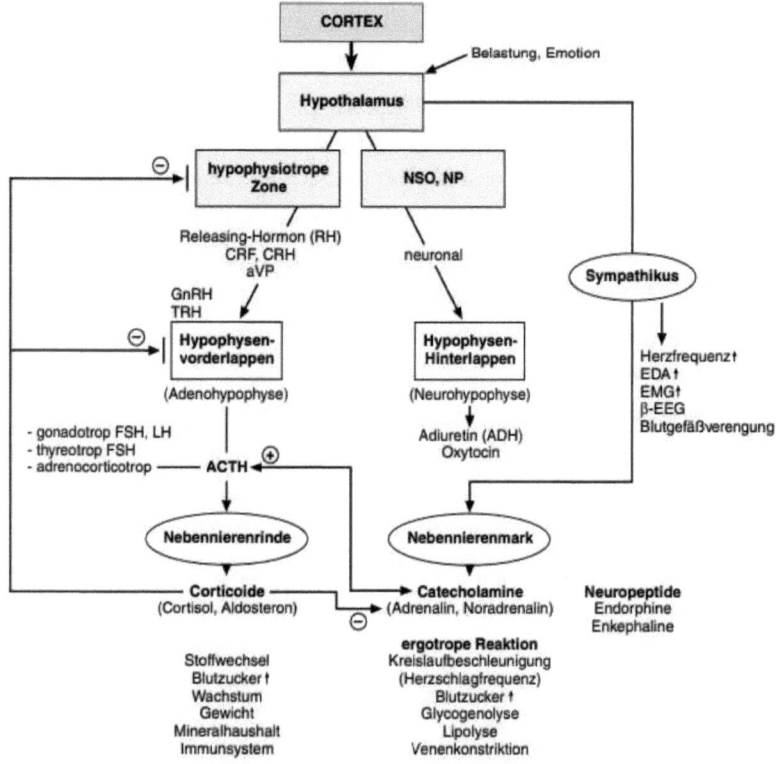

Abbildung 4: Hypophysen-Nebennierenrinden-Achse

Quelle: (Becker-Carus & Wendt, 2017, S. 22)

2.1.2 Oxytocin

Oxytocin wird im supraoptischen Kern des Hypothalamus hergestellt. Von diesem wird es über axonalen Transport in den Hypophysenhinterlappen geleitet, welcher es direkt in die Blutbahn abgibt, wodurch Oxytocin sodann an seinen Zielorten (Gebärmutter und Brustdrüsen) angelangt (Ehlert, 2016, S. 25). Oxytocin führt gegen Ende der Schwangerschaft zu rhythmischen Kontraktionen der glatten Muskulatur des Uterus, wodurch es die Wehentätigkeit einleitet. Des Weiteren spielt Oxytocin eine wichtige physiologische Rolle hinsichtlich der Laktation (Milchabgabe) aus der Brustdrüse. Durch den Saugreiz, welcher vom Säugling ausgelöst wird, werden nervale Signale an den Hypothalamus geleitet. Folglich wird die Oxytocinproduktion gesteigert und vermehrt Oxytocin in das Blut ausgeschüttet, was an der Brustdrüse zur Milchejektion führt (Schandry, 2016, S. 189).

Oxytocin, welches über oxytozinerge Bahnen vom Hypothalamus in das Vorderhirn gelangt, ist auch als Transmittersubstanz wirksam und ist bedeutsam bezüglich der Regulation von Sozialverhalten. Experimente an Tieren konnten zeigen, dass Oxytocin bei der Mutter-Kind-Bindung und beim Paarverhalten eine wichtige Rolle spielt. Bei monogam lebenden Präriewählmäusen konnte eine hohe Dichte von oxytocinsensitiven Rezeptoren nachgewiesen werden. Dies trifft für die polygamen Bergwühlmäuse nicht zu. Durch geeignete Antagonisten wurden die oxytocinsensitiven Rezeptoren bei der monogam lebenden Präriewühlmaus blockiert. Die Wirkung des Oxytocins blieb somit aus und die Präriewühlmaus, welche sich zuvor monogam verhielt, verhält sich nun polygam. Beim Menschen stehen entsprechende Studien noch aus, jedoch spricht ein Befund aus der Neuroökonomie dafür, dass Oxytocin beim Menschen ähnlich fungiert wie bei der monogam lebenden Präriewühlmaus. Hierbei wurde Oxytocin nasal verabreicht, woraufhin das Vertrauen des Menschen gegenüber einem Spielpartner in gewissen Spielsituationen erhöht wurde. Die Spielsituation fand unter realen Bedingungen statt, denn die Probanden konnten tatsächlich Geld gewinnen oder verlieren.

Dabei vertrauten Menschen, die vorher Oxytocin nasal verabreicht bekamen, einer Person, welche als Treuhänder fungierte, einen enorm höheren Geldbetrag an (Schröger, 2010, S. 128–129). Des Weiteren konnte durch die nasale Verabreichung eine Reihe positiver Verhaltensweisen gezeigt werden (z.B häufiger Blickkontakt, zunehmende Empathie, Angst- und Stressreduktion) (Schandry, 2016, S. 189).

2.1.3 Somatotropin

Die Freisetzung von Somatotropin (STH) wird über hypothalamische Releasing- bzw. Inhibitinghormone gesteuert (Schandry, 2016, S. 185). STH wird drei bis viermal täglich ausgeschüttet. Des Weiteren wird es innerhalb der ersten drei Nachtstunden im Tiefschlaf freigesetzt (Birbaumer & Schmidt, 2010, S. 129). STH gilt als ein Wachstumshormon und ist essentiell für die normale kindliche Entwicklung (Birbaumer & Schmidt, 2010, S. 140). Es stimuliert den Aufbau von Proteinen sowie die Lipolyse und das Wachstum. Die Aufnahme von Glukose in den Zellen, die Glykolyse und die Gluconeogenese aus Aminosäuren wird durch STH gehemmt. Abgesehen von diesen wachstumsfördernden Effekten entfaltet

STH ebenso Effekte im Gehirn. Je nach Wirkungsort erhöht oder erniedrigt es die Entladungsrate von Nervenzellen. So konnte in tierexperimentellen Studien bei einer direkten Applikation von STH in das Gehirn verschiedene Effekte auf das Verhalten (z.B verringerte Tiefschlafphasen, Überempfindlichkeit gegenüber taktilen Reizen) gezeigt werden. Des Weiteren beeinflusst STH die Produktion verschiedener Neurotransmitter im Gehirn (z.B Acetylcholin, Noradrenalin, Dopamin, Serotonin). Wiederum beeinflussen Dopamin und Noradrenalin die Freisetzung von STH und stimulieren dessen Ausschüttung (Schandry, 2016, S. 186).

2.1.4 Vasopressin

Vasopressin (auch antidiuretisches Hormon genannt) wird, wie auch Oxytocin, im supraoptischen Kern des Hypothalamus hergestellt und über axonalen Transport zur Neurohypophyse geleitet. Sodann gelangt es über den Blutstrom zu seinen Zielorten (Nieren). Vasopressin spielt eine Rolle bei der Regulation des Wasserhaushalts. Über Sensoren wird die Salzkonzentration des Extrazellulärraums gemessen und entsprechend konstant gehalten. Die gemessenen Parameter werden anschließend an den Hypothalamus geleitet. Sollte der Wasserhaushalt Abweichungen aufweisen, veranlasst der Hypothalamus die Freisetzung von Vasopressin (Schröger, 2010, S. 128). Dadurch wird die Harnkonzentration in der Niere gefördert, wodurch die Diurese (Wasserausscheidung) verhindert wird. Liegt Vasopressin in hohen Konzentrationen vor, führt es zur Kontraktion der glatten Muskulatur, wodurch der Blutdruck und die Darmperistaltik (durch rhythmische Kontraktionen der Darmwände) erhöht wird (Schandry, 2016, S. 188). Zudem fördert Vasopressin das Sexualverhalten und soziale Bindung (Birbaumer & Schmidt, 2010, S. 147). Tierexperimentelle Studien zeigen, dass die Konzentration von Vasopressin im Gehirn mit der Intensität der Sexualaktivität korreliert. Werden bei frisch kastrierten Tieren die Vasopressinrezeptoren im Gehirn stimuliert, kann der Rückgang der Sexualaktivität verlangsamt werden. Des Weiteren hängt Vasopressin mit Lern- und Gedächtnisfunktionen zusammen. Bei Ratten erzeugte ein künstlich induzierter Mangel an Vasopressin im Gehirn eine Verzögerung des Erlernens von Vermeidungsreaktionen. Beim Menschen liegen Befunde vor, welche darbieten, dass intranasale Zufuhr von Vasopressin zu einer Zunahme von Aggressivität und Angst führt (Schandry, 2016, S. 189).

3 Aufgabe 3

3.1 EEG-Neurofeedback

Mit Neurofeedbackverfahren wird die Hirnstromaktivität mittels EEG abgeleitet und der exterorezeptiven Wahrnehmung (Außenwahrnehmung) zugänglich gemacht, wodurch die Gehirnaktivität steuerbar gemacht wird (Ehlert, 2016, S. 348). Dadurch soll das Neurofeedbackverfahren die Selbstregulierungsfähigkeit des ZNS verändern. Es werden heute praxisnahe und moderne Neurofeedbackverfahren angewandt, welche auf einer qualitätsvollen empirischen Grundlage basieren (*Neurofeedback. Von der Esoterik zur Wissenschaft,* 2015, S. 230).

Neurofeedbackverfahren bedienen sich vor allem den Ableitungen des EEGs. Das EEG zeichnet gehirnelektrische Vorgänge an der Oberfläche des Schädels ab (Müsseler & Rieger, 2017, S. 261). Die Grundlage dafür besteht in elektrochemischen Vorgängen und den daraus resultierenden Membranpotentialen. Das entstehende Signal wird in die darin vorkommenden Frequenzen mithilfe von frequenzanalytischen Auswertungen zerlegt, woraus sich die typischen EEG-Rhythmen ergeben (Lehrner, Pusswald, Fertl, Strubreither, Krypsin-Exner, 2010, S. 51). Alpha-Wellen werden mit Entspannung und Gedächtnisvorgängen in Verbindung gebracht. Der Beta-Rhythmus dominiert in einem konzentrierten Wachzustand (Schröger, 2010, S. 51). Theta- oder Delta-Wellen treten im Tiefschlaf oder bei pathologischen Veränderungen auf (Birbaumer & Schmidt, 2010, S. 469).

Alphatätigkeit (8–13 Hz)

Betatätigkeit (13.5–30 Hz)

Thetatätigkeit (3.5–7.5 Hz)

Deltatätigkeit (0.5–3.5 Hz)

Abbildung 5: EEG-Ableitung

Quelle: (Lehrner et al., 2010, S. 186)

Die EEG-Frequenzen korrelieren mit den allgemeinen Gehirnaktivitätszuständen, wodurch versucht wird, diese mithilfe von Neurofeedback zu beeinflussen (Karnath & Thier, 2012, S. 811). Dabei wird das EEG in Echtzeit analysiert und die daraus resultierenden Ableitungen kontinuierlich sensorisch (z.B optisch) dem Probanden rückgemeldet. Das sensorische Feedback soll durch den Probanden verändert werden (z.B soll die Tonhöhe verändert werden).

Schließlich wird durch diesen Lernprozess die Kontrolle über die EEG-Eigenschaften erreicht. Nahezu alle Probanden sind nach einigen Lerneinheiten dazu fähig, das EEG nach Aufforderung zu verändern (Lehrner et al., 2010, S. 217). Die Wahrnehmung interner Zustände wird durch das Feedback der eigenen EEG-Aktivität verbessert, wodurch die Selbstregulation gefördert wird und welche wiederum die Gehirnfunktionen verbessert. Neurofeedbackverfahren haben das Ziel, den Funktionszustand des Gehirns zu verbessern und eingefahrene, fehlerhafte Regulierungen zu durchbrechen. Trotz, dass beim Neurofeedback nur obere Schichten des Kortex gemessen und rückgemeldet werden, ist es möglich, auch subkortikale Areale und Hirnstammbereiche zu trainieren (Haus et al., 2020, S. 20).

Grundlage für das Neurofeedback ist die operante Konditionierung. Vereinfacht bedeutet dies, das Lernen von und durch Konsequenzen. Eine Reaktion bzw. ein Verhalten resultiert in einer Konsequenz. Die Konsequenz bestimmt, ob das Verhalten beibehalten wird oder nicht. Bei Neurofeedbackverfahren bedeutet dies, dass das Verhalten positive Konsequenzen hervorbringt, wodurch die Wahrscheinlichkeit erhöht wird, dass dieses bestimmte Verhalten wieder gezeigt wird, um die positive Konsequenz wieder zu erreichen. Das Auslassen eines negativen Reizes (wie eine Bestrafung oder Schmerzen) kann auch als positive Konsequenz gelten. Dabei ist die operante Konditionierung nicht bedingt durch eine bewusste Verhaltens-Konsequenz-Beziehung (Haus et al., 2020, S. 19–20).

Sieht der Patient nun beim Neurofeedbacktraining erstmalig ein weißes Auto vorbeifahren, gelangt die Information, um diese Belohnung zu erhalten, ins Gedächtnis.

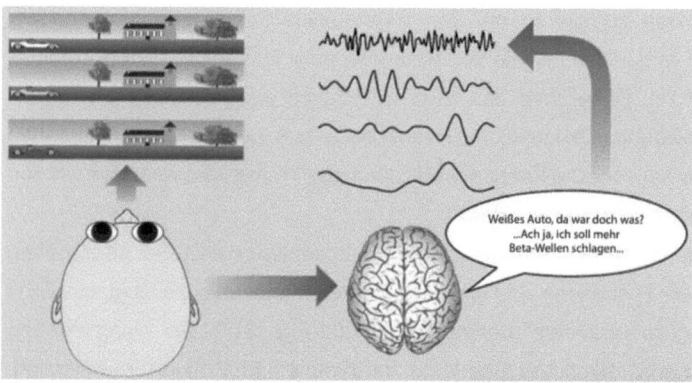

Abbildung 6: Konditionierung durch Belohnung

Quelle: (Haus et al., 2020, S. 20).

Durch wiederholte Trainingseinheiten werden die Strategien, welche zur Belohnung geführt haben, immer mehr ins Gedächtnis eingespeichert (Haus et al., 2020, S. 19). Dabei ist es wichtig, Trainingseinheiten durchzuführen, welche einen Alltagstransfer ermöglichen, denn das Gehirn assoziiert bei den Trainingseinheiten die Reaktionen auf dem Bildschirm (z.B weißes Auto fährt vorbei) mit der eigenen Gehirnaktivität. Somit ist es effizient, wenn der Patient auch Zuhause (vor allem in schwierigen Gefühlslagen) diese Reiz-Reaktions-Verknüpfung aktiviert. Dies wird ermöglicht, indem dem Patienten ein Bild des Trainingsbildschirms mitgegeben wird, welche der Patient 5-10 Minuten mehrmals pro Tag ansehen und dabei die Vorstellung von den Trainingseinheiten aktivieren soll. Hierdurch verfestigen sich die angewandten Strategien auf Ebene der Neuronenverbände. Durch wiederholte Trainingseinheiten wird das Motiv zu einem klassisch konditionierten Reiz. Das Gehirn setzt sich also in den erwünschten „Modus", sobald der Patient das Motiv wahrnimmt (Haus et al., 2020, S. 19).

3.2   Anwendungsbereiche von Neurofeedback

3.2.1   Aufmerksamkeitsdefizitstörung mit Hyperaktivität (ADHS)

Die Aufmerksamkeitsdefizit-Hyperaktivitätsstörung (ADHS) ist geprägt durch drei Hauptsymptome: Die Störung der Aufmerksamkeit, der Impulskontrolle und der Aktivität. Im Kindergartenalter fallen Kinder häufig durch unruhiges Verhalten auf. In der Grundschule werden erstmals die Aufmerksamkeitsstörungen und die daraus resultierende körperliche Unruhe deutlich (Haus et al., 2020, S. 234). Neben der medikamentösen Therapie gilt das Neurofeedbackverfahren als eine alternative Behandlungsform von ADHS. In einer Studie von Meisel et al. wurden die kurz- und langfristigen Wirkungen des Neurofeedbacks mit der Medikation mit Methylphenidat verglichen (Roy, 2014, S. 32). Bei Kindern mit ADHS konnte im EEG besonders unter mentaler Belastung wiederholt ein gesteigertes Verhältnis von Theta-Wellen und geringen Beta-Anteilen festgestellt werden, was einer zu geringen Theta-Beta-Ratio entspricht. Eine hohe Aktivität der Theta-Wellen in Relation zu den gering ausgeprägten Beta-Wellen bedeutet eine nach innen gerichtete Aufmerksamkeit. Die Aufmerksamkeit nach außen (zur Außenwelt) ist stark eingeschränkt bis blockiert. Das Ziel des Neurofeedbackverfahrens ist, dass der Patient es schafft, die Intensität der Beta-Wellen zu steigern und über den individuellen Schwellenwert zu erhöhen, sowie die Theta-Wellen unter den Schwellenwert zu reduzieren (Haus et al., 2020, S. 237). Innerhalb der Studie wurden durch ein randomisiertes Verfahren zwölf Kinder der Neurofeedback-Gruppe und elf Kinder der Methylphenidat-Gruppe zugeordnet. Kinder in der Neurofeed-Gruppe erhielten 40 Trainingseinheiten (2 Trainingseinheiten pro Woche, wobei eine Trainingseinheit 4 Minuten mit sechs Durchgängen umfasste). Der Inhalt der Trainingseinheiten bestand aus Computerspielen (Puzzle oder Wettrennen). Dabei wurden den Kindern auditive oder visuelle Rückmeldungen bezüglich des Erfolgs gegeben. Kinder in der Methylphenidat-Gruppe wurden mit verschiedenen Formulierungen des Pharmazeutikums behandelt. Die Überprüfung der Behandlungserfolge erfolgte vor, während (nach zwei und sechs Monaten) und nach der Behandlung mithilfe der „ADHD-Rating-Scale-IV", der „Oppositional de- ant disorder rating scale based on DSM-IV" (Roy, 2014, S. 32). Dabei wurden Leistungen wie das Lesen, der mündliche Ausdruck, das Textverständnis, das Schreiben und

Mathematik kontrolliert. Es zeigte sich in beiden Gruppen eine vergleichbare Reduktion hinsichtlich der Einschränkungen durch die ADHS und der ADHS-Symptomatik. Oppositionelles Verhalten konnte in der Neurofeedback-Gruppe erst nach zwei Monaten erheblich verringert werden, konträr dazu wurde in der Methylphenidat-Gruppe jederzeit eine signifikante Reduktion festgestellt. In der Neurofeedback-Gruppe konnte direkt nach Trainingsbeginn eine Verbesserung von kognitiven Leistungen (außer in Mathematik und mündlichem Ausdruck) beobachtet werden. Nach zwei Monaten war das Schreiben erheblich verbessert. Nach sechs Monaten wurde gar das Rechnen signifikant verbessert. Hingegen war in der Methylphenidat-Gruppe zu keinem Zeitpunkt eine Verbesserung der Leistungen beobachtbar. Das Neurofeedbackverfahren war also signifikant effizienter bezüglich kognitiver Leistungsfähigkeit, aber bezüglich des oppositionellen Verhaltens unterlegen. Die Studie zeigt, dass das Neurofeedback-Verfahren eine erfolgsversprechende Therapiealternative zu der medikamentösen Therapie darstellt. Jedoch sollte einschränkend angemerkt werden, dass die Anzahl an Probanden sehr gering ist (Roy, 2014, S. 32–33).

3.2.2 Posttraumatische Belastungsstörung (PTBS)

Die posttraumatische Belastungsstörung (PTBS) wird durch das Auftreten eines extremen Ereignisses (z.B sexuelle Gewalt, Naturkatastrophen, Gewalt) ausgelöst und führt zu schwerwiegenden psychischen Fehlregulationen (Karnath & Thier, 2006, S. 416). Die PTBS ist eine Angststörung, welche charakterisiert ist durch belastende Erinnerungen, Alpträume, sozialen Rückzug, nervöse Angstzustände und/oder Schlaflosigkeit, welche vier Wochen oder länger anhalten (Lautenbacher & Gauggel, 2010, S. 104). Bei Patienten, welche eine posttraumatische Belastungsstörung aufweisen, zeigt sich eine erhöhte Amplitude der Theta-Wellen, welche mit dem Auftreten von Intrusionen zusammenhängen. Die hohe Aktivität der Theta-Wellen steht für eine nach innengerichtet Aufmerksamkeit, d.h Erinnerungen sind vermehrt oder leichter aufrufbar. Hierdurch wird das vergangene traumatische Geschehen wieder lebendig. Besonders beim Einschlafen wird dies von PTBS-Patienten oft als belastend empfunden, denn gleichzeitig treten häufig starke vegetative Symptome (wie erhöhte Herzfrequenz, hoher Muskeltonus) auf. Die Situation kann nur noch entlastet werden, wenn der PTSB-Betroffene der Situation entflieht, vermeidet oder diese „betäubt" (Haus et al., 2020, S. 251).

Das Neurofeedbackverfahren hat das Ziel, dass der Patient die Intensität der Alpha-Aktivität steigert und über den individuellen Schwellenwert erhöht. Simultan sollen die erhöhten Theta-Wellen reduziert werden. Die Entspannungsphase kennzeichnet sich durch erhöhte Alpha-Wellen und reduzierte Theta- und Betawellen. Gelingt dem Patienten dies, erhält dieser ein positives Feedback (entweder auditiv oder visuell). Sind mehrere

Trainingseinheiten erfolgreich verlaufen und berichtet der Patient positive Effekte, wie eine verbesserte Entspannungsfähigkeit, werden im nächsten Behandlungsschritt die traumatischen Erinnerungen bewusst zugelassen bzw. durch die bewusste Steigerung der Theta-Aktivität willentlich hervorgerufen. Im Sinne einer Gegenkonditionierung soll die gleichzeitige Anhebung der Alpha-Wellen die kognitiven Ressourcen des Patienten steigern, sodass dieser dazu fähig ist, die traumatischen Erinnerungen und aufkommenden Bilder zu verarbeiten. Der Patient ist sodann in der Lage, die traumatischen Erinnerungen und die damit einhergehenden Emotionen „auszuhalten" und sich kognitiv mit diesen zu befassen. Diese Trainingsphase gilt als Konfrontationsphase. Hierbei sind Theta- und Alpha-Wellen erhöht und Beta-Wellen erniedrigt. Der Patient verbleibt nur wenige Sekunden bis Minuten in dieser Phase. Hierbei kann die Zeitdauer der Phase im Verlauf des Trainings je nach Verfassung des Patienten gesteigert werden. Im dritten Schritt, der Entspannungsphase, sind Alpha-Wellen erhöht, Theta- und Beta-Wellen erniedrigt. Diese wird solange fortgesetzt, bis die Erregung abgeklungen ist und die Entspannungsreaktionen wieder einsetzt (Haus et al., 2020, S. 254–255). In Projekten zur Nachsorge von Soldaten, welche aus Kriegsgebieten wiederkehrten, wurden Daten von über 400 Soldaten mit PTBS erhoben. Die Ergebnisse zeigen, dass die kritischen klassischen PTBS-Symptome (wie Suizidgedanken, Flashbacks, Alpträume, Ängste) teilweise mit weniger als zehn Sitzungen um die Hälfte reduziert werden konnten (Haus et al., 2020, S. 253).

4 Literaturverzeichnis

Assen, C. (2016): *Crash-Kurs Psychologie*. Berlin, Heidelberg: Springer.

Becker-Carus, C. & Wendt, M. (2017): *Allgemeine Psychologie*. Berlin, Heidelberg: Springer.

Birbaumer, N.-P. & Schmidt, R. F. (2010): *Biologische Psychologie* (7. Auflage). Heidelberg: Springer Medizin (Springer-Lehrbuch).

Ehlert, U. (2016): *Verhaltensmedizin*. Berlin, Heidelberg: Springer.

Haus, K.-M. et al. (2020): *Praxisbuch Biofeedback und Neurofeedback*. Berlin, Heidelberg: Springer.

Karnath, H.-O. & Thier, P. (2006): *Neuropsychologie* (2. Auflage). Heidelberg: Springer (Springer-Lehrbuch).

Karnath, H.-O. & Thier, P. (2012): *Kognitive Neurowissenschaften* (2. Auflage). Berlin, Heidelberg: Springer.

Lautenbacher, S.; Gauggel, S. (Hg.) (2010): *Neuropsychologie psychischer Störungen* (2. Auflage). Berlin: Springer.

Lehrner, J., Pusswald, G., Fertl, E., Strubreither, W., Krypsin-Exner, I. (2010): *Klinische Neuropsychologie*. Grundlagen - Diagnostik - Rehabilitation (2. Auflage). Berlin: Springer.

Müsseler, J. & Rieger, M. (2017): *Allgemeine Psychologie* (3. Auflage). Berlin, Heidelberg: Springer.

Myers, D. G. (2014): *Psychologie*. Berlin, Heidelberg: Springer.

Neurofeedback. Von der Esoterik zur Wissenschaft (2015). In: *psychopraxis. neuropraxis* 18 (6), S. 230–232.

Roy, M. (2014): *Neurofeedback und Methylphenidat im Vergleich*. In: *DNP* 15 (6), S. 32–33. DOI: 10.1007/s15202-014-0779-9.

Schandry, R. (2016): *Biologische Psychologie* (4. Auflage). Basel: Beltz Verlag.

Schröger, E. (2010): *Biologische Psychologie* (1. Auflage). Wiesbaden: VS Verl. für Sozialwiss (Basiswissen Psychologie).